003

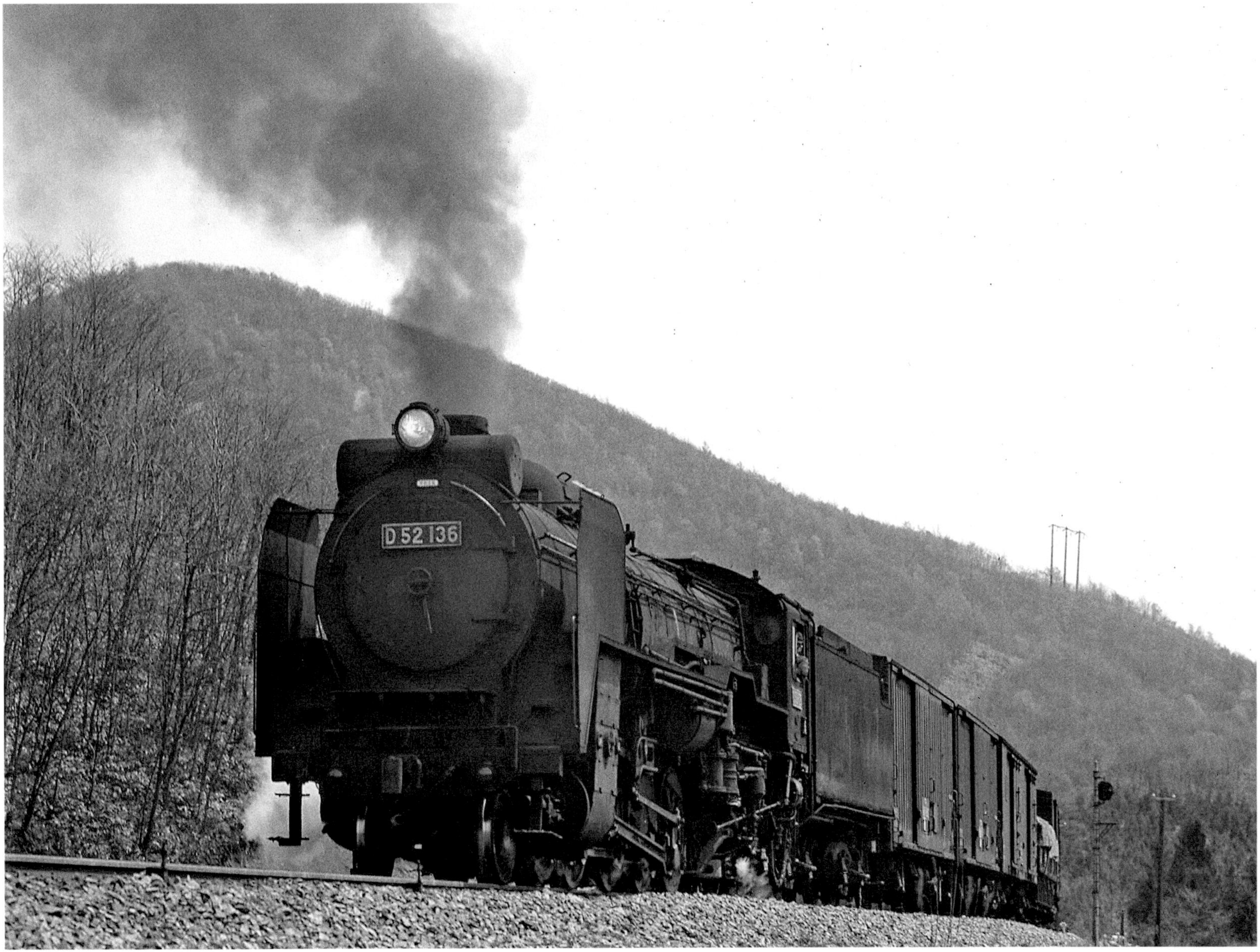
D52 136

D52400

C62 3

北海道の D52
重量級貨物機のダイナミズム

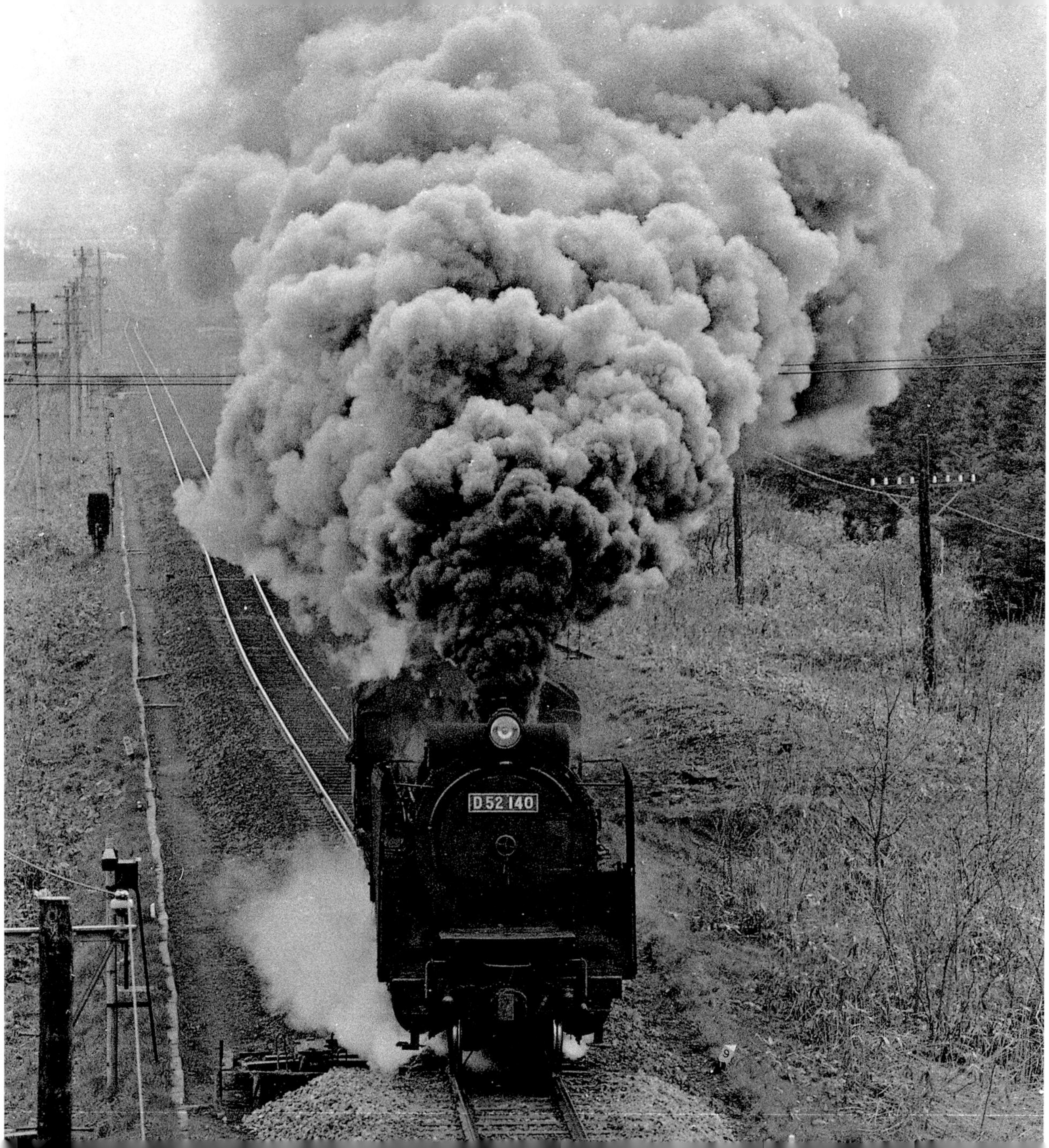
D52 140

D52 のいくところ

■ 函館＋室蘭本線　函館〜鷲別

　国鉄最大の貨物用蒸気機関車、「マンモス機関車」と愛称された D52 型。大型機であるが故に、いち早く近代化された本線から追われても、その持てるパワーを発揮する場所も少なく、数を減じていった。御殿場線や岩徳線で残っていたのは、そのむかし本線であった名残りというものだ。

　晩年の D52 のいくつかは海を渡って、北海道に活躍の場を見出していた。五稜郭機関区を基地に、函館本線と室蘭本線を直通して重量貨物列車の先頭に立っていた。戦争前後、D52 の全盛期に較べたら物足りない、というかもしれないが北海道のD52 が見せてくれる力闘振りは、想像を遥かに超えるものであった。

　信号所だろうか、列車交換を待って発車しようとする列車があった。機関車は D52140。前夜東京を発ち、徹夜でクルマを走らせて早朝のフェリーで津軽海峡を越えて北海道にやって来た。この日は特別先を急ぐ旅でもなかった。少し先にお誂え向きのオーヴァクロスを見付けた。ここで発車シーンを撮影していこう。

　そうして待つことしばし。「デコニ」の太いボイラーから目一杯吹き出された、もうもうたる煙で発車してきた。これを操る機関士… すごいなあ。

　函館本線の線路は国道5号線に沿っている部分が少なくない。沿うだけでなく、クロスして線路が右に左に絡む。期せずしてシンクロして走るチャンスが幾度となくあった。

　「デコニ」は思いのほか俊足。直径1400mmの動輪、逞しいロッドを目まぐるしく躍動させて長い貨物列車をけっこうな速度で牽引する。クルマの速度計を見て、その俊足振りに驚いたりした。

　前ページの写真はD52202、右はD52140。その都度異なる機関車と併走できるのは、ちょっとした楽しみ、であった。

　それも、勾配区間ではかなりの力行を見せるし、白煙をたなびかせて軽快に走る時もある。それにしても、この大きな機関車を操る機関士、ときに懸命な投炭シーンを見せる機関助士、その動きさえ手に取るように伝わってくる。

　五稜郭機関区には最大15輌、常時10輌以上の
D52型が配属されていた。函館のヤードから長万部
を経て、そのまま室蘭本線に直通して、鷲別まで貨
物列車を牽引した。一般の貨物列車から、ときにコ
ンテナやボギー貨車を連らねた高速貨物まで、ヴァ
ラエティに富む運用に就いていた。

　函館本線「藤代線」、そのむかし、下り列車の勾配
を軽減するために設けられた七飯〜大沼間の支線。
1966年10月開通というだけあって、高架橋とトン
ネルを使って、当時としては近代的な工法でつくら
れている。もちろん基本的には蒸気機関車に似合う
ものではないが、逆にミスマッチの面白さというか、
コンクリート製の高架橋を行くシーンはそれはそれ
で面白いものであった。
　ちょうど白い梨の花が咲く時期、梨園の向こうを
「藤代線」が走る地点で列車を待った。もとより正確
なダイヤグラムなど持ち合わせてはいない。出たと
こ勝負なのだが、広く見渡せる高架橋のこと、遥か
向こうから列車がやってくるのが解る。最大20‰を
緩和したといっても16‰の勾配が残る区間。「デコ
ニ」は歩くようなスピードで重量貨物列車を牽いて
やってきた。煙が風で前方に押し流されている。吹
き抜けになっているせいか、力闘の割には音は轟い
ては来ない。

D52 走る！

　遠景で走っているのと、すぐ間近かを走るのとでは、速度感、迫力がこんなにもちがうものか。「デコニ」のどこが格好よいといって、フロントにやっと取り付いているようなデッキ。構造材丸出しのようなデッキ部分で風を切って走るような様は、「デコニ」ならではの迫力を生み出す。

　ちょうど道路が一段低くなって、見上げるように併走した時のダイナミックさといったら…

　ちょうど付けていた 35mm レンズはそのダイナミズムを捉えるに絶好であった。ブラしたいので 1/30sec. で夢中でシャッターを切った。 …といっても秒なんカットというようなモータードライヴがあるわけでもなし、レンズだって大比率のズームどころか、単焦点のレンズ。そういう撮影だからこそ、1 カット 1 カットが貴重に思えたりもする。

　併走をしたあとは、牧場の向こう、家並の向こう、見え隠れしながら走る「デコニ」の姿を追いながら、クルマを流すように走らせたのだった。

021

D52 走る！

024

D52 走る！

　地響きがするようなスピードでやってきたのはD52の牽くコンテナ中心の貨物列車。反対側を振り向くと、向こうからも列車の影が。

　わー、すれ違いシーンが… とは思ったものの、なかなかタイミングがピシャリと決まりはしないもので。それにしても真っすぐに伸びる線路。さすがに北海道、を思わせてくれる。それにしてもどうしたことだろう。左ページの写真を撮ったあと、次のカットがないのだ。もっと近づいて、すれ違いシーンを撮ればいいのに、タイミングがずれたことでもう嫌気がさしてしまったのだろうか。うーん、思い出せない…

030

五稜郭機関区の
D52
最大の貨物用蒸気機関車

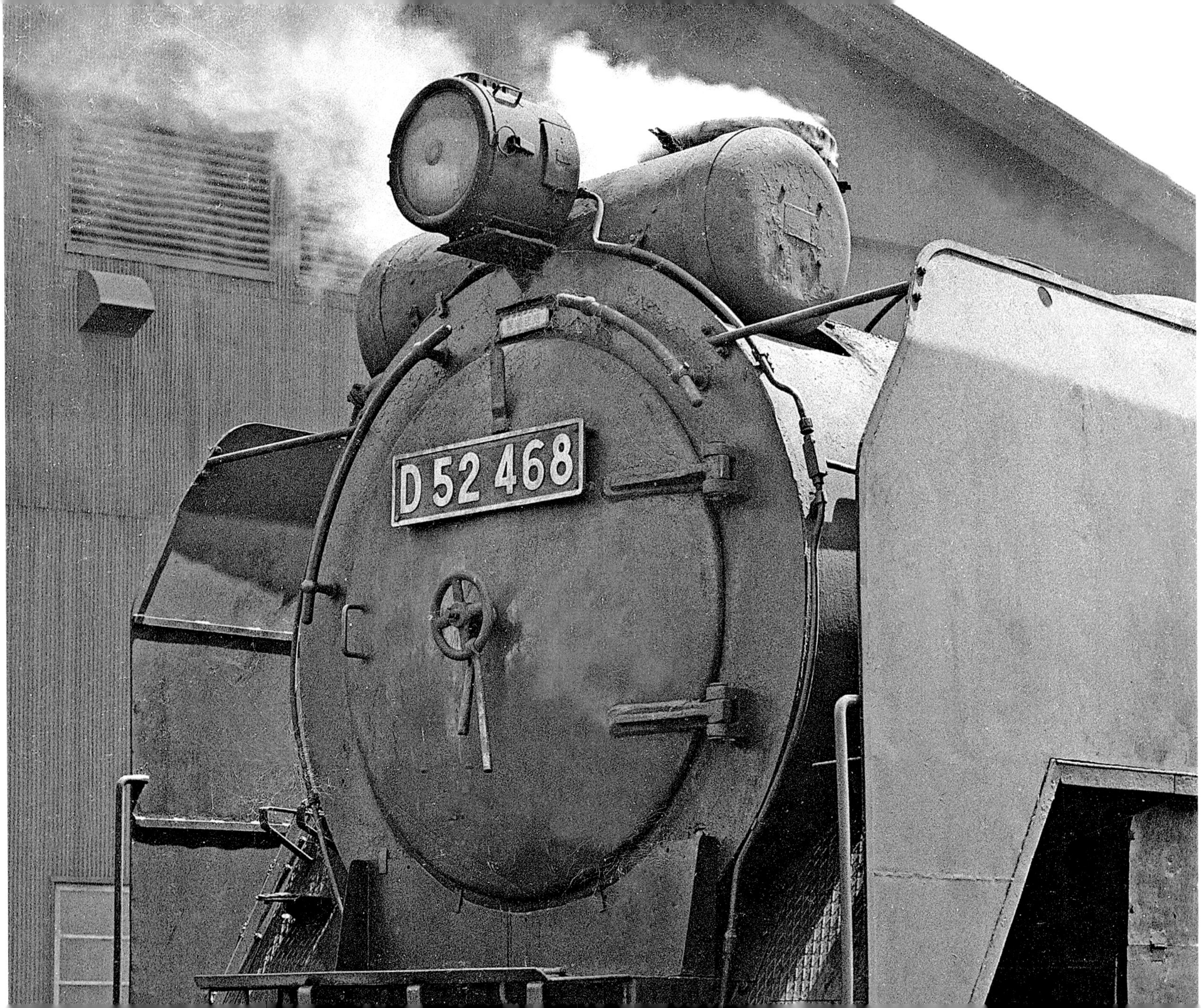
D 52 468

最大の国鉄貨物用蒸気機関車、D52 は太平洋戦争の末期、より大量輸送を担うべくつくられた機関車。それまでの標準貨物用機関車であった D51 に較べ、ひと回り以上太いボイラーを持っており、その迫力は格別だ。フロントには太いボイラーがせり出すように迫り、ようやく取り付いたようなフロントデッキ、ボイラーとの対比で小さく見えるキャブなど、最大であるが故の緊迫感が漂う。そうした迫力に魅せられて人気は高かった。

ラストナンバーは D52468 だが、途中抜け番号があり、285 輛がつくられたにとどまる。ご存知のように C62 型にボイラーを提供したもののほか、D62 型への改造機もあり、それぞれ 49 輛、20 輛が数を減じた。もともとが本線用の機関車だけに、いち早く電化されるなど近代化されたうえに、重量の関係で使用できる線区が限られたこともあって、早い時期に廃車になるものが少なくなかった。

1965 年の機関車配置表をみるとちょうど 100 輛。わずかに広島以西の山陽本線が残ってはいたが、あとは、御殿場線、岩徳線、大阪近郊の貨物線といった、かつての本線から転じたローカル線でその姿が見られる、といったところであった。それらとは別に 1960 年前後に北海道に転じた一群があり、最後まで幹線を走る「デコニ」といったシーンを見せてくれたのであった。

そればかりか、五稜郭機関区の D52 は、結局わが国で最後まで残る D52 となった。

D52 型

戦時中の大量輸送のために 1943 年から製造開始された最大の貨物用蒸気機関車。D51 の 1000t に対して 1200t 牽引を目指してつくられた。全長 21105mm、運転整備重量 136.89t は最大級。国鉄工場をはじめ各メーカーが総動員されるような形で急造された。最終は D52468 だが欠番が多く 285 輌製造。

最大の、つまりは極限の存在である D52 は、それだけに特徴的な「見るべきところ」をいくつも持ち合わせていた。上の写真は C58 だが、同じように見えても他機と並んだりするとその迫力は大きくちがう。ボイラーの圧倒的サイズと小さく取って付けたようなフロント・デッキ、迫ってくるような圧力は「デコニ」ならでは、というものだ。

下のイラストのように、生まれながらの「戦時型」であった D52 型は、完成した当初、デフレクターやランニングボードが木材であったり、鋼鉄部分も劣悪な資材を使って工作も簡便であったことから、ボイラー破裂などという惨事まで起こした、という。戦後、世の中が落ち着くのを待って全面的に改装され、われわれの知るスタイリングにされた。

五稜郭機関区で観察した D52 は、メインロッドのビッグエンドが丸くなっている特徴とともに、キャブ下の分配弁が寒冷地仕様になっているのが北海道仕様らしい。なん輌かは密閉式キャブに改造されていた。

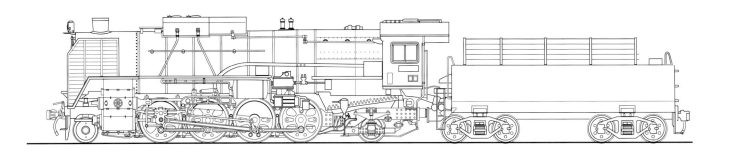

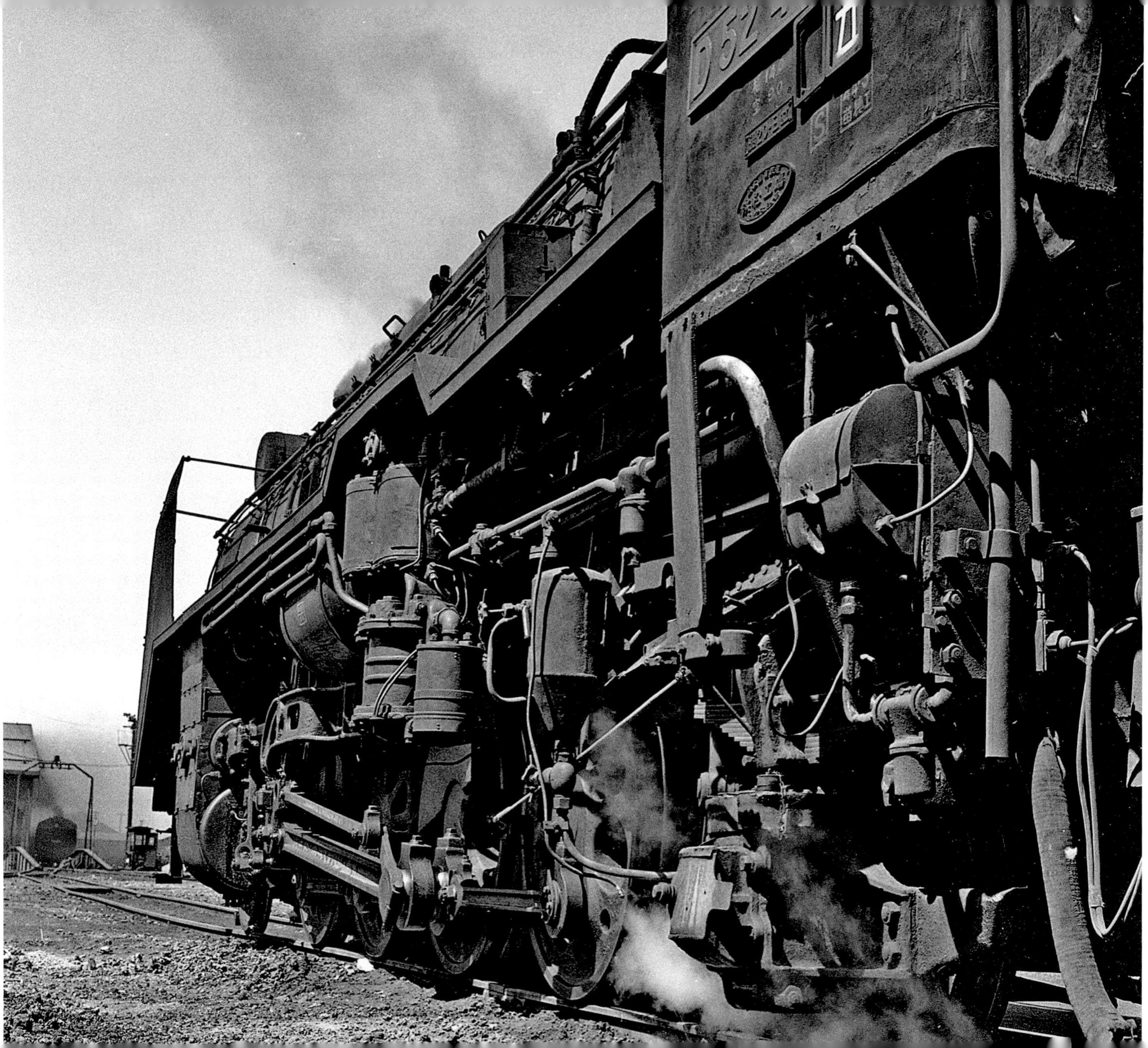

D5256

D52136

D5256 は 1945 年日本車輌製、製番 1377。浜松区から吹田区に移った 1950 年代には集煙装置を付けていた、という。1960 年 10 月に北海道に渡り、翌年密閉式キャブに改造された。別項のように事故に遭い 1972 年 12 月には廃車になっている。

D52136 は 1944 年 8 月汽車会社製、製番 2436。同じように関西地区で使われたのち、姫路第一区から 1960 年 10 月に五稜郭区に転属。集煙装置を外され、1962 年に密閉式キャブになった。1973 年 5 月に廃車後、御殿場線が近いということで、静岡県沼津市の高沢公園に保存。

D52138： D52235 として相模原市鹿沼公演に保存

汽車会社製、製番 2440 の **D52140** は、1960 年 9 月に岡山区から五稜
郭区に転属してきた。1965 年にボイラーを新缶に交換、給水温め器も交
換するなどの工事を苗穂工場で受けている。1973 年 5 月に廃車になった。

D52140

D52202

D52202 は 1944 年 12 月川崎車輌製、製番 3068。
他機と同じように姫路第一区当時の 1960 年 10 月に北
海道に渡ってきた。集煙装置を外し、1973 年 10 月ま
で活躍。五稜郭区最後の機関車となった。その後、門
司港駅でのイヴェントに貸出され、そのまま 1975 年
10 月に廃車。
同じく 1944 年 12 月川崎車輌製の D52204 は製番
3070。同じ変遷を辿り、1972 年 12 月廃車になった。

D52204

041

D52217 は 1945 年 2 月川崎車輌製、製番 3086。静岡区を皮切りに、移動を繰り返し、1960 年 10 月、岡山区から五稜郭区に転属した。1969 年 10 月、他機よりひと足先に廃車になってしまった。

D52217

D52235

同じく川崎車輌製の D52235 は、1946 年 1 月製番 3108。1960 年 10 月、姫路第一区から五稜郭区に転属してきたグループ。姫路時代にボイラーを新缶に交換している。1973 年 5 月に廃車後、相模原市鹿沼公演で保存されるが、中身は D52138。

D52400

1945年3月、日立製作所製、製番1967というのが
D52400。完成後、山陽筋で働いたのち、1960年
10月、岡山区から北海道に渡る。1969年7月に廃車。

D52404

D52414

D52404 は 1945 年 3 月、日立製作所製、製番 1971。姫路第一区から 1960 年 9 月に五稜郭区に渡った 1 輌。姫路時代に新缶に交換済み。1972 年 12 月に廃車。同じく日立製作所製の **D52414** は 1945 年 5 月、製番 1981。岡山区からの転属組で、1973 年 5 月に廃車になった。

D52468 は D52 型のラストナンバー機。三菱重工業製、製番 502。この後も製造予定があったが、終戦により製造打ち切りとなり、本機がラストになった。姫路第一区からの転属組で、1972 年 9 月、梅小路に移動して「梅小路蒸気機関車館（現、京都鉄道博物館）」に保存されている。

D52468

事故！ D5256

函館本線での遭遇

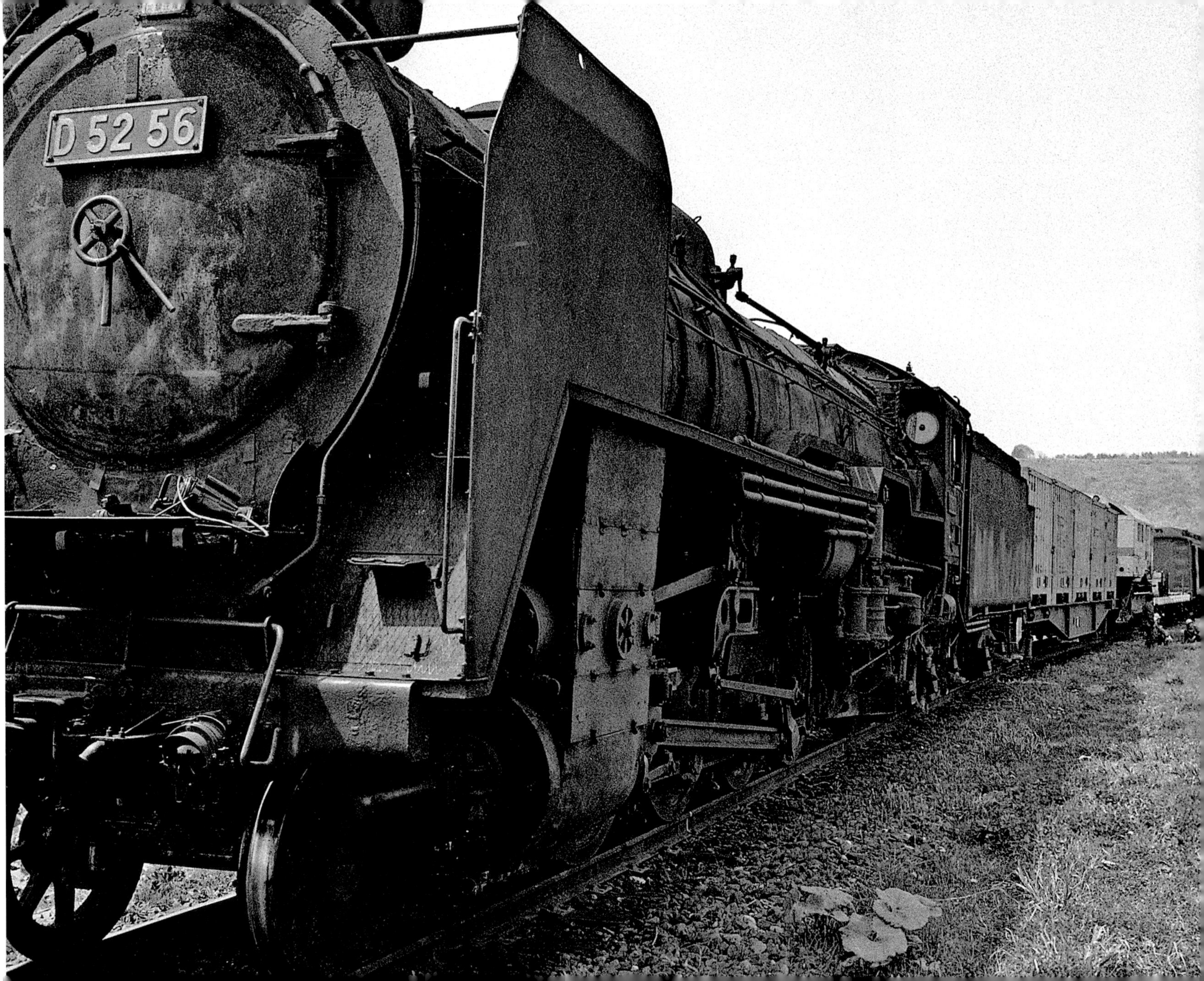
D 52 56

　写真撮影で線路端を走り回っていると、ときどきとんでもない光景に出くわしたりすることもある。駅でもないところに列車が停まっている。それも見慣れない車輌を挟んだ編成。先頭にはD51が逆向で就いている。

　近寄ってみるとどうやらそれは救援車の編成。事故があったようだ。脇を特急「おおぞら」が通過していく。最後尾にいたのは痛ましい姿のD5256であった。

　事故に遭ったD5256とコンテナにつづいて、操重車ソ81＋チキ190＋スエ3056＋ワ（救援車代用）＋スエ7126という編成。いずれも長万部区の配置だ。

　1972年5月9日とメモには記されているが、それ以上のことは分らない。旅の途中で偶然の寄り道だったから、そんなに時間の余裕がなかったことは確かだ。デフからキャブまで、D5256の右側面がざっくりダメージを受けている。キャブの壊れ方を見ていると、機関助士は怪我なく大丈夫だったのだろうか、心配になってきたりもする。

　ひと通りの復旧作業は終わったのだろうか、操重車の脇にはひと仕事終えて休憩する人影も見える。

最初は転覆してしまったのだろうと思っていたのだが、ランニングボードのダメージをみると、そうでもないような気もする。デフレクターをはじめとするデッキ右サイド、またキャブの前方右側の状態から、真っ先にケガ人のことを思ったりした。前デッキのステップは左右とも取れてしまっているし、キャブ下のステップも大きく歪んでいる。しかし、どんな事故であったのか、報告のレポートを見付けることはできなかった。

　D5256は1945年、日本車輌製。東海道、山陽筋で働いたのち1960年に北海道に渡ってきた。キャブが密閉式に改造されているのは写真で見ての通りだ。キャブ前の油箱も損傷を受けている。

　D5256はこの年の12月には廃車になってしまっているから、復元されることはなかったのだろうか。

054

雪の C62 重連

空前絶後「山線」のシーン

わが国最高の蒸気機関車シーン、といったら多くの人が躊躇なく「C62重連」を挙げるだろう。

その当時「ブーム」ということば通り、あまりの熱狂振りに、いささか引いていた、いや、自分がそこに参入するよりも、もっと陽の当たっていないところに行きたい、そんな気持ちが強かった。そんないささかアマノジャクな小生をしても、一度は見ておきたい気持ちがなかったわけではない。

最初の北海道、早春3月はもう雪も疎らであったことから、二度目の北海道は雪のシーズン、12月に決めた。もちろん雪のなかのC62重連が一番の目的である。

昼間、つまり写真が撮れるのは上り、函館行の104レ「ニセコ1号」。これは小樽発10時51分、長万部着13時53分だ。下りの103レ「ニセコ3号」は長万部発16時44分だから、冬期はギリギリ間に合うか、というような時間である。

北海道にC62がやってきたのは1956年のこと。最初に試験的にC62 3が、翌年からC62 2を含む6輌が小樽築港区に配属された。目的は難所として知られた函館本線「山線」のスピードアップ。とくに長万部〜小樽間は重連運転で対応することになった。

早速1957年2月から急行「大雪」で運用が開始され、その年の10月のダイヤ改正から「大雪」「あかしや」「まりも」という、まだ特急列車の走っていない北海道では最優等の列車を受持つことになったのだった。重連同士の交換、などという空前絶後のシーンも見られた、という。

しかし、ホンの少しのタイムラグで北海道にも近代化、ディーゼル化の波は押し寄せてくる。初の道内特急「おおぞら」が誕生した1961年10月の改正からC62急行は「大雪」「まりも」の2列車となり、さらに1963年6月から「まりも」のみとなって、普通列車の運用にも就くのだった。この時点で、7輌のC62のうちC6242が仙台に移動した。

1965年10月の改正からは「まりも」の運転区間をそれまでの函館〜釧路間から函館〜札幌間に短縮、愛称も「ていね」にされた。つづいて1967年10月改正時点では「ていね」と札幌〜旭川間の「石北」がC62の運用となり、C6227が1968年2月に廃車となった。最初の北海道訪問時に、ぎりぎり廃車間なしのC6227に出遇っている。

その後、1968年10月「よん・さん・とお」からは「ていね」を「ニセコ」に改称、つまりこの写真は上り104レ「ニセコ1号」ということになる。C6244＋C6232。この頃にC6230が廃車。

いずれにせよ、われわれが間に合ったのは、函館〜小樽間を1往復の急行列車牽引、そのうち長万部〜小樽間で重連運転、という運用。1971年秋までつづく最終期の姿であった。

第一幕　小樽 C6244…

　雪の C62 重連、最初のトライは小樽、であった。本格的な「山線」での撮影は翌日ということで、この日は小樽築港機関区を訪ねて、その足で小樽で撮影することにした。「山線」に挑もうとスタートダッシュ、加速していく地点、である。

　この日、小樽築港機関区にお目当ての C62 2 はいなかった。ということは仕業に出ている、ということにちがいない。最晩年、遠路遥々訪問してくる鉄道好きに、国鉄も温かい配慮をしてくれた。ほとんど連日、前補機には C62 2 が充てられたのである。

　その少し前、まだなにが前補機でやってくるかは時の運、というような時期であった。小樽駅から線路沿いの道を塩谷に向けて歩いた。この区間にもオタモイ峠越えという 20‰ の勾配の難所がある。線路の両側にはまだ街並が残るが、雪で覆われていることもあってそれほど煩雑な背景という印象ではない。

　それよりも、こんな路地裏のような単線の線路を C62 が、それも重連で走ってくるのだろうか。そのアンバランスが面白い。明日は思い切り「名所」というべき撮影ポイントで想像通りのダイナミックな写真を撮ろう、と決めているのだから、逆にあまり典型ではないような写真を撮りたい。

そう決めていたから、右にカーヴを切りながら
勾配を駆け上がっていくポイントで待つことにし
た。天気は上々。まだ昇り切ってない朝方の斜め
の光のなか、やや逆光になるけれど、それはかえっ
て煙を際立たせてくれそうだ。

　そんなことを考えながらときの来るのを待つひ
と時。お目当ての C62 はどんな風に現われるの
だろう。速度は？　煙は？　頭のなかでシミュレー
ションを繰り返し、一番の決めカットはあの辺り
でシュートしよう。まあ、そう決めていても、い
ざ C62 が登場した日には、まったく夢中になって
忘れてしまうのだけれど。

　どれくらい待っただろうか。さっき渡ってきた
踏切の警報が鳴り出した。発車の汽笛も、ドラフ
ト音もほとんど聞こえて来なかったのに、いきな
り登場してくるのだろうか。

　そう思った瞬間であった。シュルルルル… とこ
れまで聞いた蒸気機関車の走る音とは少しちがう
サウンドを伴って、家並の向こうから飛び出して
きた C62 重連。まさしく「山線」に向けてのスター
トダッシュ、それも全力でのダッシュを見せてい
る。煙も音も想像を遥かに超えるダイナミックさ。
呆気ないほどの速さで通り抜けていって、その速
度のまま S カーヴの向こうに消えていった。

　タタン、タタンとジョイント音を刻みながら、
後につづく客車を見送ってからもしばらく呆然と

したまま。向こうのトンネルに差し掛かる汽笛を
聞いて、やっと我に返った。

　なんだかすごいコンサートを聴いたあとのよう
な興奮と軽い疲労感とともに、機材をまとめてと
ぼとぼと駅に向かって歩き出したのだった。こう
して、「雪の C62 重連」の第一幕は終わり、その
日の宿泊地であるニセコに向かった。

第二幕　ニセコ停車

　趣味の仲間が集まって、その夜はさながら小さな合宿であった。もっともそのときは「趣味人」などと自認してはいなかったのだけれど、いま消えゆく鉄道情景、大きく変わろうとしている情景を記録にとどめておかなくてはいけない、そんな若々しい使命感に燃えていたことは確かだ。

　そんな気持ちを共有する仲間が集って情報や成果を報告し合う。ときに「私の撮影技法」などというレポートをまとめて研鑽したり、そこには若かりし頃のひたむきさがあって、思い返してもほっこりしてしまう。

　その日、日が暮れてからもうひとつ、大きなイヴェントが残されていた。ニセコ駅 18 時 03 分発車の下り「ニセコ 3 号」がやってくる。

　遥か 1000km の彼方までやってきているのだ。一本の列車も無駄にしたくない。そんな気持ちもあって、駅を目指した。

　1968 年 4 月にニセコ連峰の主峰である標高 1308m のニセコアンヌプリに因んで、国鉄で初のカタカナの駅名、ニセコ駅と改名されたが、もとの狩太（かりぶと）駅だ。さらに書き加えておくと、北海道鉄道の駅として 1904 年に開業した時は真狩（まっかり）駅だった。真狩別川から採ったものだが、国有化される前に狩太にされた。

　ニセコ駅誕生から半年後の「よん・さん・とお」1968 年 10 月から列車愛称も「ニセコ」になったことは、前に書いた通りだ。

　それにしても冬の北海道など、初めての経験だった。先輩「けむりプロ」の S2 さんにいわせたら、C62 重連が走ってなければ、そしてその魅力を知らなければ、訪れることのなかっただろう、冬の北海道である。相応の覚悟を以って防寒の対策もしてきたつもりではあったが、寒さの質が桁違いだ、ということをこの段になって思い知ることになる。

　冬の北海道における 18 時は、もうすっかり陽は落ちてしまっている。それでも雪の反射のおかげで真っ暗ではないことも知った。自然と足踏みしてしまうような寒さの中、C62 重連はやってきた。昼間見た迫力のドラフト音も煙もなく、安全弁の吹き上げる音を響かせながらギーッというブレーキ音とともに向いのホームに停車。

　夢中で長時間のシャッターを切る。しかし、冬の北海道の蒸気機関車はボイラーと外気の温度差の大きさからか、つねに湯気をまとっている。見ている分には、湯気が動くからそんなには感じないのだが、写真にしてみると目で見えたのとはずいぶんちがう情景が写し出されたのだった。

第三幕　銀山 C62 2 …

　昨夜の寒さとはちがう寒さ、であった。翌日、待ちに待ったC62重連のメッカというべき銀山に向かった。いまを逃したらもう二度と見られないかも知れない。自分を追い込みながら、実現した「冬の北海道」であった。

　先に結果を言ってしまうなら、みごと、望み通りの写真は撮影できなかったのだが、いろいろなことを経験できた貴重なひと時、であった。

　すべてが雪に覆われた北海道「山線」。本番ともいうべき「雪のC62重連」の第三幕は、作品としてではなく経験として大きなものを残してくれたのだった。

　新しいことをいくつも知った。雪道で線路は実に頼もしい存在だ、ということ（注1）。その線路脇に出て、こんどは線路伝いに歩く。216.5ｋｍのキロポストあたりを撮影ポイントと決めていた。線路からちょっと離れた高い位置を見付けた。線路脇の犬走りからいったん下におりて、そこから斜面を登っていく。雪の乗った低い木や熊笹を掻き分け、なん回かは雪に長靴を潜らせながら、なんとか辿り着いた。

　それにしても雪に音があることを初めて知った（注2）。そのサワサワという音にすべての思考能力が失わされそうになる。いや、気がつけば、さっきはいったん止んだサワサワがふたたび聞こえはじめた。それも、いっそうはげしさを増してきているではないか。それは予想だにしていなかったことだった。

　撮影ポイントを決めてからというもの、C62重連が登場してくるシーンをあれこれ思い浮かべながら、悩んだ末にレンズを決め、シャッター・スピードを決め、焦点も合わせて待っていた、というのに（注3）。

　一日たった1本のC62重連。そのために丸々一昼夜掛けてやってきた北の地。そんなプレッシャーさえ押し寄せてくる。それにしても、舞ってくる雪、急激にその量を増してきた。ホンの数分で状況は大きく変化する。

　時間は刻々と迫ってくる。いや、刻々とではない。時間が連続していない。時計を見る度にクロノグラフのように針が動いている。時刻と時刻の間がないのである。いよいよC62重連が登場してもいい時刻になった。緊張は極限に高まる。サワサワという雪の音に、シュルルというジェット音にも似た音がかすかに混じる。その音は、消えたりまた聞こえたりを繰り返しながら、次第に大きく確実なものになってくるのが判る。

　いよいよきた。地鳴りのような音が突然にやってきたと思ったら、いきなり黒い塊がもうもうたる煙と共に目の前に飛び込んできた。「つばめ」だ！思う間もなく、C62 2は目の前を通過していった。つづいて本務機C62。それに引きずられるようにブルーの客車が、ジョイント音を伴って通り過ぎていく。後にはほのかな煙の臭い。

　なにか一瞬の夢のような光景であった。しばしわれを忘れてしまっていた。斯様にして、脳裏にはしっかり刻み込まれたC62重連、裏腹にフィルム上はこの通り、冬の初挑戦は、苦い結果となって終わったのであった。

1）すべては雪におおわれてしまっていて、道路から一歩はずれれば、たちまち歩くのさえ困難になってくる。先に雪を踏み固め、片足ずつ、急ぐ気持ちとは裏腹のペースで線路を目指した。線路に出ればなんとかなる。その一心である。こんな時、線路がどれほど頼もしい存在に思えたことか。

2）雪に音があるのを初めて知った。サワサワと笹の葉を揺らしたような音が、小止みなくつづく。とにかく寒い。寒いというより周りの空気が凍り付いているかのように、少しでも風が動くと、肌が痛いほどに冷たく刺さる。その寒さで思考能力は低下し、とにかく早いところ撮影ポイントをどこかに決めてしまいたいという思いに駆られる。

3）向こうから勾配を登ってきて、目の前を通り過ぎて行く。機関車はもちろんＣ62重連。
　頭の中で列車を想像しつつ、どこまで見通せるか、それをどこまでフレームの中に収めるか。悩む。使用するレンズはどうするか、アングルはどうするか、大きな悩みである。Ｃ62重連はここをどれほどの速度で登ってくるのだろうか。レンズはできるだけ絞り込みたい。でもこのシャッター・スピードでＣ62はちゃんと止まるだろうか。1/125でｆ5.6にするか、1/250でｆ4にするか、露出計が選び出した組み合わせの中で、どれを選択するがいいか、悩む。機関車は黒、雪は白、空は鉛色、果たして露出は露出計が示したままでいいか、機関車がツブれてしまわないか、悩む。次々に悩みにぶつかっては、なにかに憑かれたように恐ろしい勢いで解決のための演算を頭の中で巡らしてはいるのだが、やがて、頭の中が真っ白になってしまっていることにも気づく。こんなの初めてだ。

長万部発 16時44分 …

結果的に果たすことができずに終わった銀山での「雪のC62重連」撮影の後、あとを追うように長万部に行った。現像前のその時点ではまだどんな写真になっているのか知る由もなかったのだが、あの猛烈な吹雪は予想にはなかったことだから、手応えのない不安は頭の隅でずっとつきまとっていた。

長万部の構内、さっき前補機で駆け抜けて行ったC62 2が帰りの「ニセコ3号」の前補機になるべく待機していた。銀山で遭った吹雪は、駅に戻り着く頃にはすっかりあがっていた。空は相変わらず暗い雲が覆ってはいるが、落ちてくるものはない。ピット脇のC62 2。デフレクターに輝く「つばめマーク」は、どれほど多くの鉄道趣味人を魅了したことか。そのマークが輝くデフをはじめとして、上周りはすっかりいつもの姿だが、従台車やテンダ台車はまだ雪がこびりついたままだ。

時計をみると、もう16時を過ぎている。空の暗さは雲のせいだけではなく、早くも夕暮れがやってきてきているようだ。写真を撮っている間にも明るさが変わってくるのが解る。果たして、出発時間まで明るさは残っているのだろうか。

さっきは吹雪で気を揉んだのに、こんどは陽が暮れることに気が気ではない。

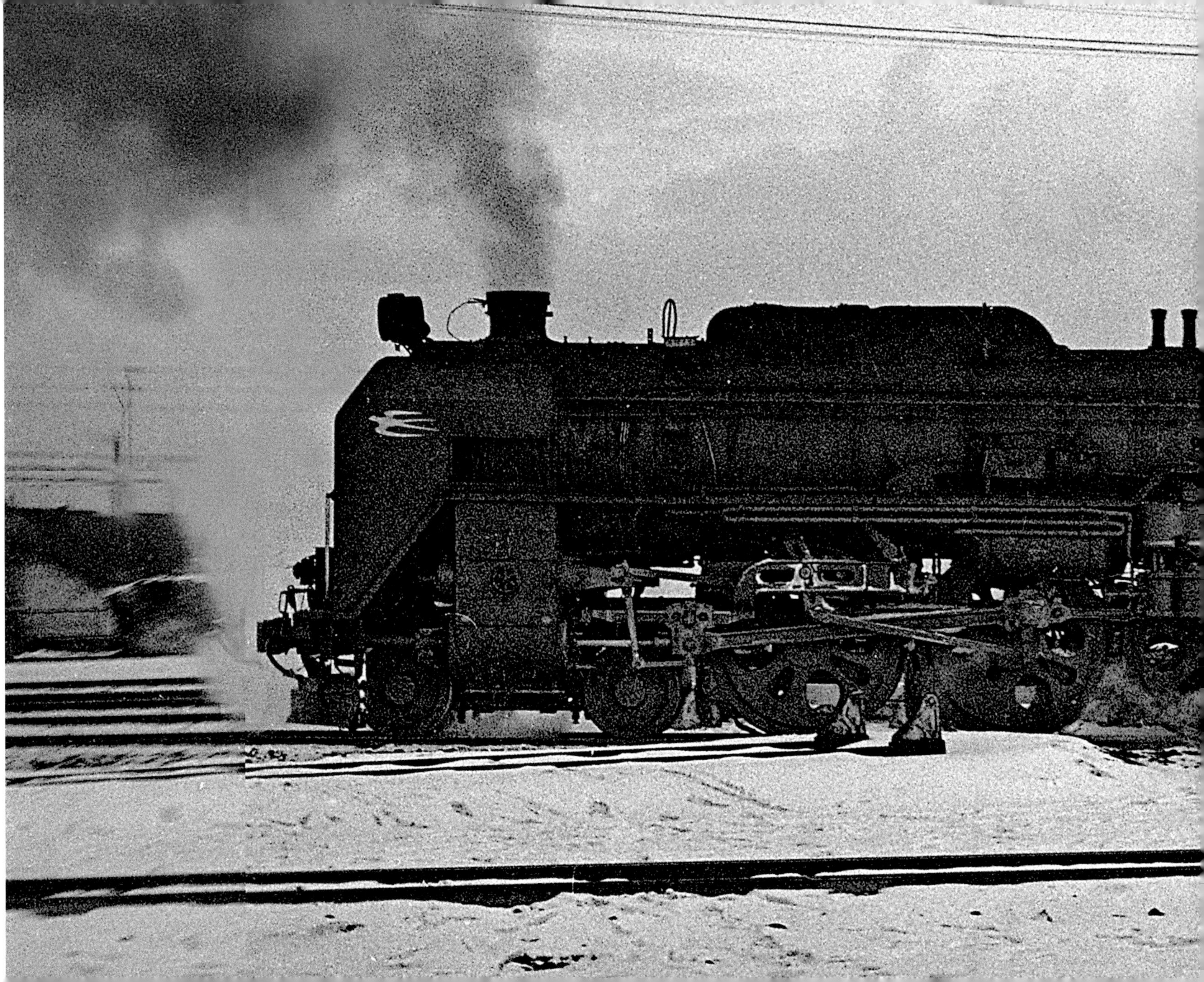

　待機していた C62 2 がゆっくり動き出した。16 時 37 分、定刻に下り 103 レ「ニセコ 3 号」が C62 3 に牽かれて到着したのだ。C62 3 もここで給水とともに、足周りの点検などが行なわれる。機関助士はテンダー上の石炭を均す作業に忙しい。

　それとは関係なく、補機連結の作業も進められている。それにしてもこの寒さ故か、機関車に湯気がまとわりついて離れない。写真にならない、そう叫びたくなるのだが叫んだからとてどうなるものではない。ここで経験して、次に本番を行なえばいいのだが、時間は待ってはくれないし、そんな余裕もない。

　逆向でホームに停まる本務機のところまで一気に進んでいく。そこで一旦停車し、ふたたびゆっくりバックして連結作業が行なわれた。離れたところで観察していてもそのようすは手に取るように解る。停車時間はわずかの 7 分間。もう毎日繰り広げられている慣れ切った作業なのだろうが、初めて観察するものには、ひとつひとつの動きが興味深いものだ。

　どうやら出発準備が整ったようだ。まとわりつく湯気が晴れることだけを期待していたのだが、一段と照度を増した前照灯も湯気のなか。それにしても本当に分単位で明るさが失せていく。気がつくと、すっかり闇夜になっていた。

　そのなかで咆哮二声。一瞬湯気のなかから C62 2 の「つばめ」が光るのが見えた。しかし、それもホンの一瞬。本務機もろとも蒸気に包まれたまま、列車は照明塔の脇を抜け、躊躇うことなく「山線」に向け闇のなかに消えていった。

雪のC62を追い掛けて

いつかは行ってみたいところ。南国、熊本生まれ熊本育ちの私にとって、冬の北国、雪の北海道は憧れでもあり、未知の場所でもありました。

それこそ電化完成直前の山陽本線で長大優等列車の先頭に立つC62の迫力あるシーンが忘れられません。本線が電化された後は呉線であり、函館本線「山線」を行くC62重連に目が向くのは当然、というもの。いつか訪れたいと機会を狙っていました。

大学では鉄道研究会に入り、仲間も少しできたのですが、さすが冬の北海道を目指そうなどという猛者はいませんで、結局、4回行った北海道ですが、冬3回、夏1回、冬の一回だけ大学の仲間と4人旅で、残りは単独行でした。

永瀬 修

著者にとって先輩にあたる趣味人。南国、熊本生まれ、熊本育ちの氏が雪の北海道を幾度となく訪問していた。それだけ魅力的なところだと、収穫話に心揺さぶられたものだ。

さて、雪の北海道、2月初めに期末試験が終われば3月一杯はお休みです。この機会にと計画を立てました。21日間通用の北海道周遊券をフルに使用します。学割も利用できますし、急行にも乗れる周遊券はありがたいものでした。寝台券は必要ですが、旅館に泊るよりは安くすみ、朝には次の目的地に着けたりするので、効率よく撮影ができます。学生時代の撮影旅行はそんなものでした。

　北海道の寒さに対応できるように靴下、下着、靴などをヘヴィデューティなものにしたほか、かんじき、登山用のリュックやヤッケ等を準備して、上野から夜行列車に乗ったものです。青函連絡船で降り立った函館、一面の銀世界は感動ものでした。

　銀山でC62重連を撮りました。函館から銀山まで直行し、線路端を歩きました。北海道の雪は本州のそれとはちがってサラサラなのですね。その時初めて経験したのですが、乾燥した雪にはカンジキなどなんの役にも立ちませんでした。ズボーッと足がめり込み、ただ体力のみで線路脇の丘まで登りました。

　幸運なことに前補機にC62 2が就いていました。予定を変更して次の列車で長万部に戻り、待機しているC62 2を撮影、その足で「ニセコ」に乗って小樽に行き、小樽発釧路行の夜行普通列車で旅をつづけました。

　旅の後半には大沼にいきました。撮影ポイントは小沼湖畔。「ニセコ」は単機牽引ですが、D52やD51の牽く貨物列車など列車密度は濃く、じっくり粘って半日を過ごしました。C62は「山線」とはちがいゆとりを持って高速で通過していった、そんな印象でした。

　いまでもときどきは写真撮影に出掛けたりしますが、やはり蒸気機関車の迫力、特に最大の旅客機、C62が重連で走った、などというのは思い返してもワクワクするような魅力がありました。

あとがきに代えて

　長万部駅を発車していった「ニセコ3号」の余韻… それは大きなものであった。呆然、というのか、行ってしまった、と見送ったあと、撮影行の最終日だったことからその足で函館に行ってそのまま帰ってきたはずなのだが、どうやって帰途についたのか、まったく記憶が欠落している。

　本文で書いたように友人5人で自主合宿のようにしたあと、解散してH君とふたりで長万部で撮影して帰ってきた。ふたりとも無口で、ただただ列車に揺られていたような。なんだかひとつの時代の終わりに遭遇したような気になっていたのかもしれない。

　風吹の銀山にせよ、湯気に包み込まれた長万部発車にせよ、いままで経験したことのない事態に遭遇し、それがまた最後の訪問になってしまうかもしれない刹那感、そんなものが一気に押寄せてきて「時間が飛んで」しまったようだ。

＊　　　＊　　　＊

　この本をつくりはじめた「鉄道趣味人」ISSUE01のこのページになん人かの先輩のことを書いた。そこでは敢えて触れなかったおひとりに佐々木桔梗（1922〜2007）さんがおられる。先輩などというのもおこがましいような存在だが、直接お目に掛かって、或いは作品を通して多くのものを与えてくださった。

　佐々木桔梗さんは「プレス・ビブリオマーヌ」という出版社を主宰しておられた。文学本をはじめとする特装本、ご自身で著作された鉄道本などで知られる。安部公房の次が「ロコ・アート カメラと機関車 別冊」というような出版ラインアップ。

　その当時のわれわれには理解するのも難しい、というかバックグラウンドがちがい過ぎて、ただただお話を聞かせていただいて感心していた、というような有様だった。

　美しい写真で構成されたページ。二色刷りを多用し、ご自身のコレクションしていた切手を一冊ずつに貼ってしまうという、中綴じはページを開くたびに見知らぬ世界に誘われるようで、ワクワクしたものだ。

　その佐々木さんの作品のひとつに「告別の訪問 蒸気機関車」がある。ハッセルブラド500ELでC62重連、長万部発車のようすを後追い、連写したページが強く印象に残っている。

　その表紙、「告別の訪問…」というタイトル訳は、紹介したりするときに使っているだけで、じっさいの表紙にはフランス語で書かれた文字のみで、どこにも日本語はない。

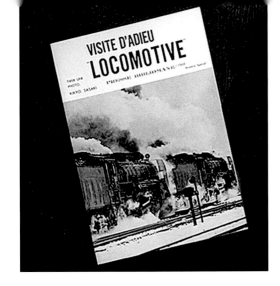

「粋」というか、まさしく趣味で本をつくっているような風情、本づくりの姿勢はいまになって、少しだけその境地が想像できるようになってきた気もしている。

＊　　　　＊　　　　＊

そうだ、佐々木さんと一緒にお目に掛かった先輩のひとりにＡさんがいらした。資金より時間が貴重なＡさんなどは、仕事を片付けて夜行の飛行機「オーロラ」で飛んで、翌日撮影してまた夜行便で戻ってくる、などということを幾度となく繰返されていた。

掛けられた費用を想像して「いいなあ」「すごいなあ」などと当時のわれわれは別世界の面持ちで羨ましがっていたが、当のＡさんにしてみれば、呑気な学生生活をしていたわれわれの方が、よほど羨ましがられている存在だったのかもしれない。

それにしても、撮影行というのは大変なことであったなあ、といまさらに思う。日暮れの早い冬など、たった一本の列車の写真を撮りたいがために、莫大な（当時のわれわれというだけでなくいま考えても…）費用と時間を掛けて、はるばる北海道の地まで足を運ぶ。そのエネルギイはなんだったのだろうか。

それからほどなく、C62 重連の走る函館線は「メッカ」のようになって、数多くの鉄道好きを誘った。逆にいうと空前絶後、それだけの魅力的な情景がそこを舞台に繰り広げられていた、ということだ。ひとつのブームのようになったことは多くの方が憶えておいでだろう。

ブームのときにちゃんと本にしておけばよかったのに。そういう声を聞く。そのブームに乗って少なからぬ数の書籍、雑誌が並んだ時期があった。確かに、出版不況といわれるいまより、遥かに売れたかもしれない。

だが、当時のわれわれは消えてゆく情景を一枚でも多く残しておくことに懸命で、そんな余裕はなかった、というのが有り体な理由なのだが、いまだからこそ感じること、もある。

＊　　　　＊　　　　＊

佐々木さんの影響、というわけではないが、のちに憧れのハッセルブラド 500EL/M も手に入れた。残念なことに、手に入れたときには、被写体となるべき蒸気機関車はことごとく消えてしまっていたのだけれど。

少数かもしれないが、佐々木桔梗さんのつくられた書籍が、いまも「宝もの」になっていたりする。しっかり後世に伝えられている… そのことを思うと、溢れるように発行されたブームの書物とは別の存在だったのだ、と実感する。紙媒体に拘る、佳き時代の情景を共有し、また後世に伝えていく。そこにちょっとした趣味性をも加えて…

愉しみを共有する趣味人仲間に贈りたいシリーズ。どうぞ、ご支援いただければ幸いである。

2022 年盛夏に
　　　　いのうえ・こーいち

いのうえ・こーいち　著作制作図書

● 『世界の狭軌鉄道』いまも見られる蒸気機関車　全6巻　2018〜2019年　メディアパル
　1、ダージリン：インドの「世界遺産」の鉄道、いまも蒸気機関車の走る鉄道として有名。
　2、ウェールズ：もと南アフリカのガーラットが走る魅力の鉄道。フェスティニオク鉄道も収録。
　3、パフィング・ビリイ：オーストラリアの人気鉄道。アメリカン・スタイルのタンク機が活躍。
　4、成田と丸瀬布：いまも残る保存鉄道をはじめ日本の軽便鉄道、蒸気機関車の終焉の記録。
　5、モーリイ鉄道：現存するドイツ11の蒸気鉄道をくまなく紹介。600mmのコッペルが素敵。
　6、ロムニイ、ハイス＆ダイムチャーチ鉄道：英国を走る人気の381mm軌間の蒸機鉄道。

● 『C56 Mogul』　C56の活躍した各路線の記録、また日本に残ったうちの40輌の写真など全記録。

● 『小海線のC56』　高原のローカル線として人気だった小海線のC56をあますところなく紹介。

● 『井笠鉄道』　岡山県にあった軽便鉄道の記録。最期の日のコッペル蒸機の貴重なシーンも。

● 『頸城鉄道』　独特の車輌群で知られる新潟県の軽便鉄道。のちに2号蒸機が復活した姿も訪ねる。

● 『下津井電鉄』　ガソリンカー改造電車が走っていた電化軽便の全貌。瀬戸大橋のむかしのルート。

● 『尾小屋鉄道』最後まで残っていた非電化軽便の記録。蒸気機関車5号機の特別運転も収録する。

● 『糸魚川＋基隆』　鉄道好きの楽園と称された糸魚川東洋活性白土専用線と台湾基隆の2'蒸機の活躍。

● 『草軽電鉄＋栃尾電鉄』永遠の憧れの軽便、草軽と車輌の面白さで人気だった栃尾の懐かしい記録。

● 季刊『自動車趣味人』3、6、9、12月に刊行する自動車好きのための季刊誌。肩の凝らない内容。

著者プロフィール
　いのうえ・こーいち　（Koichi-INOUYE）
岡山県生まれ、東京育ち。幼少の頃よりのりものに大きな興味を持ち、鉄道は趣味として楽しみつつ、クルマ雑誌、書籍の制作を中心に執筆活動、撮影活動をつづける。近年は鉄道関係の著作も多く、月刊「鉄道模型趣味」誌に連載中。主な著作に「C62 2 final」、「D51 Mikado」、「世界の狭軌鉄道」全6巻、「図説電気機関車全史」（以上メディアパル）、「図説蒸気機関車全史」（JTBパブリッシング）、「名車を生む力」（二玄社）、「ぼくの好きな時代、ぼくの好きなクルマたち」「C62／団塊の蒸気機関車」（エイ出版）、「フェラーリ、macchina della quadro」（ソニー・マガジンズ）など多数。また、週刊「C62をつくる」「D51をつくる」（デアゴスティーニ）の制作、「世界の名車」、「ハーレーダビッドソン完全大図鑑」（講談社）の翻訳も手がける。季刊「自動車趣味人」主宰。（株）いのうえ事務所、日本写真家協会会員。
連絡先：mail@tt-9.com

北海道のD52　雪のC62重連　鉄道趣味人04「北海道1」

発行日　　2022年8月8日
　　　　　　初版第1刷発行

著者兼発行人　いのうえ・こーいち
発行所　株式会社こー企画／いのうえ事務所
　　　　〒158-0098　東京都世田谷区上用賀3-18-16
　　　　　　PHONE　03-3420-0513
　　　　　　FAX　　　03-3420-0667

発売所　株式会社メディアパル（共同出版者・流通責任者）
　　　　〒162-8710　東京都新宿区東五軒町6-24
　　　　　　PHONE　03-5261-1171
　　　　　　FAX　　　03-3235-4645

印刷 製本　株式会社JOETSU

© Koichi-Inouye 2022

ISBN　978-4-8021-3342-5　C0065
2022 Printed in Japan

著者近影　　撮影：イノウエアキコ